Iris Gottschlich

Regentröpfchens Reise

MIT
VIRTUELLEN INHALTEN DER ROOOM AG

KNABE VERLAG WEIMAR

AUGMENTED REALITY

GROSSARTIGE ERLEBNISSE IN 3D MIT rooomBOOKS

1.

2.

SCANNEN

Scannt den QR-Code
oder öffnet die Webseite
books.rooom.com/app

LADEN

Ladet die rooomBOOKS-
App herunter und
startet sie auf eurem
Gerät

books.rooom.com/app

3.

4.

WÄHLEN

Wählt Regentröpfchens Reise aus der Buchliste aus und ladet es herunter

ENTDECKEN

Erweckt die Illustrationen mit eurem Smartphone oder Tablet zum Leben

Regentröpfchens Reise

Ein Kinderbuch über Wind, Wasser, Wetter und Wolken

Es ist ein warmer Sommertag. Ich liege auf der Wiese in der Sonne und schaue den Grashalmen zu, wie sie sich im Winde bewegen. Mal tanzen sie stürmisch und wild hin und her, dann wieder schwingen sie kaum spürbar auf und ab. Und wie ich so träumend daliege, fällt mein Blick auf ein kleines Blümchen. Die Blüte ist so gelb wie die Sonne, Stängel und Blätter sind von saftigem Grün. Nur ganz unten sehe ich ein kleines welkes Blatt. Als ich näher hinschaue, entdecke ich ein klitzekleines Wassertröpfchen, das sich liebevoll an das Blatt schmiegt, so als wollte es kuschelnd einschlafen. Genau in diesem Moment fällt mir die Geschichte von einem besonders neugierigen Regentröpfchen ein. Wenn ihr wollt, erzähle ich sie euch.

Auf dem Wolkenspielplatz

Ganz weit oben am Himmel, dort wo die Wolken besonders weich und flauschig sind, wohnen viele kleine Regentropfen. Es ist ein gewöhnlicher Tag wie jeder andere auch. So scheint es zumindest auf den ersten Blick. Einige Regentröpfchen tummeln sich auf den Wolken, sie springen vor Übermut herum, schlagen Purzelbäume, schubsen und puffen sich gegenseitig. Andere liegen einfach friedlich nebeneinander und erzählen sich lustige Geschichten, über die sie am Ende schallend lachen. Nur ein kleiner Tropfen liegt abseits von allen einsam auf seinem Wölkchen. Er liegt auf dem Bauch, ganz am Rande der Wolke, hat die Arme unter dem Kopf zusammengeschlagen und blickt träumend in Richtung Erde. Er kann sie nicht sehen, da immer andere Wolkenbänder den Blick nach unten verdecken. Aber er weiß, dass er eines Tages die Reise dorthin beginnen wird.

Die anderen Regentröpfchen fangen an, sich über ihn lustig zu machen, als sie sehen, wie er so regungslos daliegt. Sie rufen: »Traumcirrus, Traumcirrus.«

Das scheint Cirrus aber gar nicht zu stören, es ist gerade so, als würde er es nicht einmal hören. Erst als die anderen direkt um ihn herumspringen, schaut er sie verdutzt an. Er wundert sich, wo die Regentröpfchen plötzlich alle herkommen. »Sagt, was ruft ihr da immer?«

Und sofort erschallt es wieder im Chor:

»Traumcirrus, Traumcirrus.«

»Ist es denn so schlimm, wenn man träumt?«, fragt er.

»Nein, nein«, sagt Cummuline schnell, »wir haben doch alle unsere Träume, aber du machst den ganzen Tag nichts anderes. Es muss doch langweilig sein, immer nur so dazuliegen und nichts zu tun.«

»Mir ist aber nicht langweilig dabei«, antwortet Cirrus.

»Weißt du, Cirrus«, erwidert Cummuline, »Träume gehen nur in Erfüllung, wenn man auch etwas dafür tut. Komm jetzt, spiel mit uns und sei einfach ein bisschen lustig.«

Da Cummuline seine Freundin ist, lässt sich Cirrus von ihr überreden und sie verbringen alle einen aufregenden Nachmittag miteinander. Als es dann langsam dunkel wird, kehren die Wassertröpfchen ganz außer Puste, aber herzlich lachend, zu ihren Lieblingswolken zurück. Sie trinken noch einen Schluck von dem bereitstehenden Wasser, denn sie wissen: Nur wenn sie groß und kräftig genug sind, dürfen sie die Reise auf die Erde beginnen. Doch bis es so weit ist, wollen sie sich noch auf ihren Wolken tummeln. Die Wassertropfen machen sich kleine Kuhlen, ziehen ihre weichen, warmen Wolkendecken bis zu den Ohren und flüstern sich Gutenachtgrüße zu: »Gute Nacht, Cirrus!«

»Schlaf gut, Floccusinchen!«

»Träum' was Schönes, Stratus!«

Cummuline schaut zur Wolke von Cirrus hinüber und sagt leise: »Cirrus, ich wünsche dir eine gute Nacht«.

»Danke, ich dir auch«, flüstert Cirrus zurück.

Schon kurze Zeit darauf kann man das ruhige, gleichmäßige Atmen der Wassertropfen vernehmen. Alle schlafen friedlich, nur einer dreht sich noch unruhig in seinem Wolkenbett hin und her. Cirrus findet keine Ruhe, zu viele Gedanken schwirren ihm im Kopf herum. Der Tag heute hat ihm richtig gut gefallen. Mit seinen Freunden zu spielen, hat großen Spaß gemacht. Doch jetzt, wo er wieder allein ist, beginnt sich erneut Unruhe in ihm breitzumachen. In seinen Träumen stellt er sich vor, wie es wäre, auf die Erde zu segeln, und welche Abenteuer ihn dort wohl erwarten würden. Seinetwegen könnte es sofort losgehen. Doch da sind auch noch Cummuline, Altos und seine anderen gleichaltrigen Freunde. Eigentlich will er die große Reise mit ihnen gemeinsam antreten. Warum also erfasst ihn nur immer diese Ungeduld? Cirrus denkt angestrengt darüber nach, was Cummuline heute zu ihm gesagt hat. »Wie kann sie das nur gemeint haben, dass ich etwas tun muss für meine Träume? Ich träume doch von der Reise auf die Erde! Sollte ich vielleicht einfach losspringen?« Noch lange quälen Cirrus diese Gedanken, bis er darüber einschläft.

Der Mond steigt langsam über die Wolken und schaut den Regentröpfchen beim Schlafen zu. Er freut sich, wie sie alle eingemummelt in ihren Wolkendeckchen liegen und friedlich schlummern. Selbst der gute Mond ahnt nichts von Cirrus' Träumen und zieht zufrieden weiter.

Ein Abenteuer beginnt

Als die Sonne am nächsten Morgen den Himmel erhellt, fängt ein so lustiges Kichern und Juchzen an, dass man schon beim Zuhören mitlachen muss. Altos, Cummuline, Stratus und die anderen recken und strecken sich und kullern aus ihren Wolkenbetten. Kaum dass der Tag begonnen hat, erzählen schon alle munter drauf los. Nur in einem Bett ist noch keine Bewegung zu sehen. Es ist natürlich das von Cirrus. Er lässt sich von dem Gemurmel und Geplapper um ihn herum überhaupt nicht stören.

Erst viel später, als alle schon spielen sind, steht er gemütlich auf und klopft sein Wölkchen aus. Kurzentschlossen läuft Cirrus zur größten Wolke, die etwas abseits von den anderen schwebt. Von dieser Wolke führt eine riesengroße, kunterbunte Rutsche hinab. Auf ihr dürfen alle Regentröpfchen nur ein einziges Mal rutschen. Nämlich dann, wenn sie ihre Reise zur Erde beginnen. Zwar haben die Wassertropfen noch mehrere Spielplätze, auf denen ganz verschiedene schöne Rutschen und andere lustige Spielgeräte stehen, jedoch ist diese etwas Besonderes. Auf ihr macht die Rutschpartie den meisten Spaß. Sie hat sehr viele Kurven, ist endlos lang, und teilweise rutscht man durch Brücken und kleine Tunnel. Noch versperrt eine gigantische goldene Kette die Treppe, welche zur Rutsche hinaufführt. Alle Regentröpfchen wissen, dass es noch eine ganze Weile dauert, bis sie freigegeben wird. Cirrus steht nun vor dieser Rutsche und blickt zu ihr hinauf. Je länger er hinschaut, desto mehr reift in ihm der Entschluss, das Abenteuer zu wagen. Cirrus sieht sich um, kein anderes Regentröpfchen ist in der Nähe. Ganz vorsichtig krabbelt er unter der Kette hindurch, damit er sie auch ja nicht berührt und zum Klimpern und Klirren bringt.

»Nun aber schnell weiter, bevor es jemand bemerkt«, sagt Cirrus zu sich selbst.

»Hu, das hätte ich geschafft!«

Die ersten Stufen meistert er mit Leichtigkeit, doch mit jeder weiteren Stufe wird es schwieriger für ihn, die nächste zu erreichen. Ganz weit nach oben streckt er sein Bein, nimmt Schwung und muss sogar seine Hände zu Hilfe nehmen. Noch drei riesige Stufen sieht Cirrus vor sich und er hat schon bald keine Kraft mehr. Als er endlich die letzte erklommen hat, bleibt er völlig außer Puste auf dem Absatz liegen und muss erst einmal verschnaufen.

»So schwierig hatte ich mir das aber nicht vorgestellt. Bin ich vielleicht doch noch zu klein für diese Reise?«, fragt sich Cirrus laut.

Und als er so dasitzt und sich ausruht, fällt ihm ein, wie der Mond den Regentropfen immer wieder von den vielen Gefahren erzählt hat, denen sie auf dem Weg zur Erde ausgesetzt sein werden und mit denen sie fertigwerden müssen. Er hat aber auch über viele schöne und geheimnisvolle Dinge berichtet, die Cirrus so neugierig machen, dass er alle anderen Gedanken beiseiteschiebt.

Ein letztes Mal noch dreht er sich um und schaut mit wehmütigem Blick zu den anderen Wolken zurück. Er lauscht den Stimmen seiner Freunde, die er weit entfernt lachen hört. Dann holt er Luft, ganz tief saugt er sie durch die Nase ein, schließt dabei die Augen und lässt sie langsam durch den leicht geöffneten Mund wieder hinaustreten.

Entschlossen öffnet er die Augen und richtet seinen Blick auf die Rutsche. Just in diesem Augenblick fällt ein Sonnenstrahl auf sie und Cirrus ist es, als würden tausend kleine Sterne aufblitzen und ihm entgegenleuchten. Die Rutsche erstrahlt in den schillerndsten Farben und sieht von hier oben noch viel größer, länger und aufregender aus. Es scheint fast, als würde sie in die Unendlichkeit führen, denn er kann ihr Ende nicht einmal erahnen.

Cirrus tritt mutig an den Rand der Wolke. Es ist so weit, er ist bereit, sich in dieses Abenteuer zu stürzen. Vorsichtig setzt er sich auf das Brett und hält sich dabei an den Holzgriffen fest, die seitlich an der Rutsche befestigt sind. Er spürt, welche Wärme das Holz ausstrahlt und lässt sie in sein Herz strömen. Dieses wohlige Gefühl nimmt er mit auf seine Reise.

Noch einmal holt er tief Luft und stößt sich mit beiden Händen kräftig ab. Die Fahrt beginnt! Ein jubelnder Schrei entfährt ihm. »Jippie jey«, ruft Cirrus in die Weite hinaus. Er streckt die Arme und Beine schwungvoll in die Höhe, so dass nur sein Po und ein kleiner Teil seines Rückens die Rutsche berühren, und so saust er in wilder Fahrt in das Ungewisse hinab. Sein Gesicht strahlt vor Glück. In seinen Augen spiegeln sich die kleinen Sterne, oder sind es kleine Sterne, die aus seinen Augen funkeln?

Cirrus wirft seinen Kopf zurück und lacht ausgelassen. Er lacht und lacht. Und wenn man ihm dabei zuschaut, kann man gar nicht anders als mitzulachen.

Jede Kurve oder Welle der Rutsche entlocken Cirrus neue Töne: »Ah! Oh! Ja! Wahnsinn!«

Als er durch einen der vielen Tunnel rutscht, ruft er ganz laut: »Juhu!« Und das Echo schallt noch dreimal nach: »Juhu, juhu, juhu!« Es wird bei jedem Mal leiser, bis es gar nicht mehr zu hören ist.

Der letzte Abschnitt der Rutsche ist wie ein Schneckenhaus geformt, man rutscht unentwegt im Kreis nach unten. Bei dem Schwung den Cirrus hat, drückt es ihn weit nach außen an den Rand. Er hat das Gefühl, er könnte jeden Moment umkippen. Abwärts geht die Fahrt, bis ganz unten noch ein gerades Stück kommt, das am Ende etwas nach oben gebogen ist, fast so wie eine Sprungschanze. Und genau so wirkt es auch, denn Cirrus wird mit aller Wucht in den Himmel hinaufgeschossen.

Doch er fällt nicht herunter und landet auf dem Boden, sondern wird durch die Luft gewirbelt und fliegt sogar höher hinaus als die Rutsche und die Wolken. Und wieder leuchten die Sterne um ihn herum und er hat das Gefühl, als könnte er sie erhaschen.

Vom vielen Herumwirbeln wird Cirrus ganz schwindlig und er versucht, sich an einer kleinen Wolke festzuhalten, um etwas zu verschnaufen. Als er sich mit seinen Händen festklammern will, beginnt eine unsichtbare Kraft an seinem Körper zu rütteln, zu ziehen und zu zerren. Er ist nicht stark genug und so wird er von der Wolke weggerissen und wieder durch die Luft geschleudert.

Langsam macht Cirrus das Herumgewirbele aber keinen großen Spaß mehr, und er wird ein bisschen ängstlich. So laut er kann, ruft er in die Weite des Sternenhimmels hinein: »He, was soll das? Ich will das nicht. Wer ist das, der an mir rupft und zupft?«

Da säuselt jemand in sein rechtes Ohr:

»Ich bin der Wind Ventus, der Wind, der Wind.«

»Wer bist du?«, fragt Cirrus. »Ich kenne
dich nicht!«

»Du kennst den Wind nicht? Wo gibt es
denn so etwas? Das habe ich noch nicht gehört.« Die Stimme bricht in tiefes, donnerndes
Gelächter aus. »Ha! Ha! Ha! Ha! Ha!«

Gleich darauf wird Cirrus noch wilder und stürmischer um-
hergeschleudert. Jetzt wird ihm wirklich angst und bange. Er schreit: »Ah,
Hilfe, aufhören! Ich kann nicht mehr!« Sogleich lässt die unbändige Kraft nach.
Cirrus ist sogar so, als werde er leicht auf einen Arm genommen und auf einer
Wolke vorsichtig und sacht abgesetzt. »Puh!«, Cirrus stößt einen erleichterten
Seufzer aus. Völlig erschöpft liegt er da. Sein Atem geht schnell, Arme und
Beine hängen schlaff herunter, während er sich auf dem Wolkenbett ausruht.
Kurze Zeit später schläft Cirrus tief und fest ein.

Wo ist Cirrus?

Unterdessen herrscht auf den Himmelswolken bei Stratus, Cummuline, Altos
und den anderen Regentröpfchen helle Aufregung. Sie alle haben herrlich
zusammen gespielt, als Cummuline plötzlich auffällt, dass ihr Freund Cirrus
fehlt. Sie ruft den anderen Wassertropfen zu: »Ich werde schnell zu Cirrus' Wolke laufen, den Träumer wecken und zu uns holen.« Und schon läuft sie im
Sauseschritt los. Als sie jedoch an seinem Bett ankommt, muss sie feststellen,
dass es ordentlich aufgeschüttelt und zusammengelegt ist und kein Cirrus
darin liegt. Sie schaut sich nach allen Seiten um, doch weit und breit ist
niemand zu sehen.

»Nanu, was ist denn hier los?«, fragt sich Cummuline laut und geht wieder zu
den anderen zurück. »Sagt mal, habt ihr Cirrus gesehen?«

»Wieso fragst du? Du wolltest ihn doch holen«, antworten die anderen.

»Schon, aber in seinem Bett ist er nicht, und auch in der Nähe kann ich ihn nirgends finden«, erwidert Cummuline.

»Dann lass ihn doch. Wer weiß, wo er ist. Er wird bestimmt bald kommen«, meint Altos und widmet sich wieder seinem Spiel.

Cummuline überlegt noch eine Weile und schließt sich ihren Freunden an. Doch als Cirrus nach einer Stunde immer noch nicht erschienen ist, fängt sie an, sich ernsthaft zu sorgen. Cummuline macht die anderen darauf aufmerksam und gemeinsam beschließen sie, Cirrus zu suchen. Sie verteilen sich überall und laufen in verschiedene Richtungen. In allen Ecken und Winkeln wird gesucht und nach dem kleinen Träumer gerufen. Doch von Cirrus ist keine Spur zu finden.

Plötzlich lassen sich Jubelschreie und ein Lachen vernehmen, zwar weit entfernt, aber doch bilden sich die Wassertropfen ein, Cirrus' Stimme zu erkennen. Alle schauen in die Richtung, aus der sie die Laute vernehmen. Die Stimme schallt von der größten Wolke herüber. Auf dieser steht die Rutsche! Das kann doch nicht sein. Die Wassertropfen wissen genau, dass dort alles abgesperrt ist und sie die Rutsche erst benutzen dürfen, wenn sie groß und stark genug sind.

Natürlich sind alle schon wahnsinnig gespannt und aufgeregt, wenn sie auch nur an die große Rutschpartie denken, aber sie wissen, dass ihre Zeit noch nicht gekommen ist. Das hält sie aber nicht davon ab, schon Pläne zu schmieden, wie sie denn hinunterrutschen werden: Manche wollen Händchen haltend in einer langen Kette rutschen, andere auf dem Bauch liegend und die nächsten wiederum nur einfach in den Himmel schauend auf dem Rücken. Das wird eine tolle Sache werden.

Stratus ruft Altos zu: »Hast du das auch gehört? Cirrus wird doch nicht etwa gerutscht sein?«

»Oh nein, Stratus, das kann nicht sein. Komm, wir schauen einmal nach«, antwortet Altos. Gemeinsam laufen sie los. Cummuline hat das Gespräch gehört und rennt sofort hinterher. Als sie atemlos an der Rutsche ankommen, steht sie einsam und leer vor ihnen. Die dicke goldene Kette versperrt den Weg zur Rutsche und es ist still wie eh und je. Sie rufen nach Cirrus, aber nichts rührt sich. Da es mittlerweile schon anfängt zu dämmern, sehen sie ein, wie aussichtslos es wäre, weiterzusuchen. Mit gesenkten Köpfen gehen sie zurück zu ihren Lieblingswölkchen. Die Sterne leuchten ihnen den Weg.

Kurze Zeit später legen sie sich schlafen. Allerdings kann Cummuline nicht so recht zur Ruhe kommen, ständig muss sie an Cirrus denken. Er ist zwar ein Träumer, aber trotzdem ein so lieber Freund.

Wo mag er nur stecken?

Ein Feuerball steigt auf

Am nächsten Morgen räkelt und streckt sich Cirrus, nimmt ein paar Tautropfen zu sich und stellt sich an den Rand der Wolke. Er wirft einen Blick nach unten. Was er da sieht, ist so aufregend schön, so unbekannt und märchenhaft, dass Cirrus den Mund weit aufreißt und staunt: »Wow, ist das toll!« Er legt sich auf den Bauch und nimmt den Anblick in sich auf. In diesem Moment denkt Cirrus an die vielen Geschichten, die der Mond ihnen erzählt hat. Er versucht, sich zu erinnern, welche Dinge auf der Erde er beschrieben hat, und glaubt, so manche Gebilde zu erkennen, obwohl er sie noch nie gesehen hat. Irgendwie schleicht sich bei Cirrus der Gedanke ein, dass er zu früh gestartet sein könnte, denn er merkt gerade, wie wenig er überhaupt weiß über die Welt. Doch dazu ist es nun zu spät, er wird es eben jetzt lernen müssen.

Etwas Rundes, ganz in rot-orange Gefärbtes, steigt hinter den Bergen langsam nach oben. Cirrus sieht, wie das dunkle Grün des Waldes von dem großen Ball angestrahlt wird und dessen Farbe annimmt. Das morgendliche Farbengemisch sieht so wundervoll aus, man kann es gar nicht in Worte fassen. Lange

Schatten fallen von den Bäumen auf die Wiese und es ergeben sich Formen, die jeglichen Fantasievorstellungen freien Lauf lassen. An die Wiese schließt sich ein See an und darin, ganz am Rande, spiegelt sich die farbige Kugel wider, wie ein schwimmender roter Feuerball. Etwas bewegt sich zügig von einer Seite des Sees zur anderen und der klare ruhige Wasserspiegel wird dadurch zerrissen. Vielleicht sind es Tiere, denkt sich Cirrus bei sich. Das Wasser beginnt zu glitzern und zu schimmern. Nicht dass der Anblick Cirrus blendet. Nein, es ist gerade so, als ob kleine rote und orangefarbene Edelsteine im See schwimmen. Erst als die Tiere längst weg sind, glättet sich die Wasseroberfläche wieder und der Feuerball nimmt seine klare, runde Gestalt erneut an. Einfach traumhaft, dieser Anblick!

Lange bleibt Cirrus so liegen und beobachtet das sich stetig wechselnde Spiel der Strahlungen und Farben, wie sie ineinander übergehen, verschmelzen, um zu einem großen Ganzen zu werden, und sich dann wieder völlig verändern. Manchmal reicht schon ein einziger Augenaufschlag und alles sieht völlig anders aus. Aber wer ist das wohl? Wer vermag solch eine Schönheit herbeizuzaubern?

Plötzlich ist auch der Wind Ventus wieder da und bläst Cirrus um die Ohren.

»He du, Wind«, ruft er, »willst du mich schon wieder ärgern? Du mit deiner Pusterei und Schubserei immer, man kommt ja nicht zur Ruhe hier.«

Ventus antwortet darauf: »Na, sag mal, ich denke du willst so schnell wie möglich auf die Erde. Ich wollte dir nur dabei behilflich sein.«

»Nein, nein«, spricht Cirrus etwas aufgeregt, »ich wusste doch nicht, was man von hier oben alles Schönes sehen kann. Ich will unbedingt noch hierbleiben und alles genießen.«

»Das geht aber nicht, weil ich dich von der Wolke pusten werde, und du dann schnurstracks auf der Erde landen wirst«, droht ihm der Wind.

»Mach es bitte nicht! Schon der Gedanke stimmt mich traurig. Ich möchte doch so viel sehen und kennen lernen. Bitte, lass uns Freunde sein und gemeinsam reisen, ja?«

Solch lieben Worten kann auch der Wind nicht widerstehen und ist einverstanden. Denn insgeheim hat er sich schon immer einen kleinen Freund gewünscht, da er sonst ein einsamer Gesell ist.

»Also gut«, sagt er darauf, »ich werde dich auf meine Reise mitnehmen. Frag mich, wenn du etwas wissen willst. Und wenn ich kann, werde ich dir deine Fragen beantworten.«

Und so beginnt für Cirrus ein neuerliches Abenteuer.

Ventus erzählt Wolkengeschichten

Cirrus hat natürlich tausende Fragen und sie sprudeln nur so aus ihm heraus: »Sag mal, Ventus, als ich heute Nacht schlief, da lag ich so kuschelweich, wie ich in meinem Leben noch nie gelegen habe. Das muss eine ganz besondere Wolke gewesen sein!«

»Ja, ja, ich weiß«, antwortet der Wind, »das war eine Haufenwolke. Tief am Himmel ist sie zu finden. Haufenwolken sind immer ziemlich aufgeplustert, und wenn man sie genau anschaut, kann man alle möglichen Gebilde entdecken. Schau mal, diese da! Sieht die nicht wie ein Krokodil aus? Das ist ein Tier mit einem großen Maul, einem langen Schwanz und sehr spitzen Zähnen. Oder die dort, was könnte das wohl sein?«

Cirrus überlegt eine Weile. »Hm, für mich sieht sie aus wie ein Auto. Davon hat uns der Mond mal ein Bild gezeigt. Das ist so lustig, es macht richtig Spaß, die Wolken zu beobachten. Schau mal, jetzt sieht sie wieder ganz anders aus. Wie ein, wie ein …« Plötzlich stockt Cirrus und schaut den Wind fragend an: »Die Wolke fährt ja am Himmel entlang. Wie kommt denn das?«

»Na, das mache ich. Ich puste sie immer weiter«, spricht der Wind.

»Und warum machst du das? Kannst du sie nicht leiden, oder ist sie böse?«

»Nein, nein«, lacht der Wind, »ich mache es, weil es meine Aufgabe ist. Haufenwolken sind Schönwetterwolken, aber nur, wenn sie scharfe Ränder haben und diese auch behalten. Ihre Spitzen leuchten weiß. Unten sind sie häufig dunkel. Wenn die Haufenwolken ihre scharfen Ränder jedoch verlieren und die Oberseiten aufquellen, dann kommt bald der Regen. Sie heißen übrigens auch Cumuluswolken. Aber schau mal, da hinten kommt eine Schichtregenwolke, sie wird manchmal auch Stratuswolke genannt. Und die bringt sehr viel Regen oder Schnee im Winter. Die grauen, randlosen Gebilde hängen tief über der Erde. Sie enthalten viel Wasser, das als langanhaltender Landregen niedergeht. Es kann also Tage dauern, bis sich das Wetter wieder ändert und es aufhört zu regnen. Durch diese feste Wolkendecke kann auch die Sonne nicht hindurchscheinen. Besseres Wetter ist erst zu erwarten, wenn sich allmählich Ränder bilden und sich die Sonne als heller Fleck durch den Wolkenschleier zurückmeldet.

Oh, Cirrus, sieh mal dort, da entdecke ich gerade eine dicke, fette Gewitterwolke. Komm mit!«

»Igitt, igitt! Die sieht ja gruselig aus. Sie ist ganz dunkel und grau. Ich weiß nicht, ob ich mich in ihre Nähe trauen würde. He, was war das? Dort war eben so ein heller Pfeil. Au, meine Ohren, welch ein donnerndes Geräusch!«

Oje, so ein Krach!

Der Wind beruhigt Cirrus erst einmal und erklärt ihm dann: »Weißt du, Cirrus, der helle Pfeil, wie du ihn nennst, das ist der Blitz. Durch den Blitz fangen die Luftmassen an zu schwingen, sich zu bewegen und aneinanderzustoßen. Das ergibt dann so ein krachendes Geräusch, welches man Donner nennt. Danach fängt es meist fürchterlich zu regnen an. Ist die Wolke leer, hört es wieder auf. Wenn ich eine Gewitterwolke am Himmel sehe, muss ich immer ganz schnell blasen, weil ein Gewitter plötzlich kommt und oft auch schnell wieder verschwindet. Dafür prasselt der Regen jedoch sehr stark aus der Wolke. Es sind große, dicke Wassertropfen, nicht solche kleinen, zarten Tröpfchen wie du. Willst du mal ausprobieren, wie sich so eine Wolke anfühlt? Aber du musst mir versprechen, dich gut festzuhalten, damit du nicht herunterpurzelst!«

Ein wenig ängstlich setzt sich Cirrus auf die Gewitterwolke und krallt seine Finger zum Festhalten tief in sie hinein. Kaum dass er sich gesetzt hat, kommt auch schon der nächste Blitz. Die Wolke beginnt, fürchterlich zu zittern und zu wackeln, fast so, als würde man auf einem wilden Pferd sitzen. Cirrus wird richtig durchgeschüttelt. Für einen Moment glaubt er schon, seine Kraft würde nicht ausreichen, um sich richtig festzuhalten, doch dann ist die Wolke leer und beruhigt sich. Cirrus seufzt erleichtert. Aber Spaß hat es trotzdem gemacht. Wann kommt man schon einmal dazu, auf einer Gewitterwolke zu sitzen?

Cirrus steht auf, nimmt Anlauf und unter jubelndem Geschrei macht er einen Riesensatz und landet dabei auf einer kleinen Wolke.

Der Wind ruft: »Cirrus, weißt du, auf welcher Wolke du jetzt gerade bist?«

»Nein, aber du wirst es mir bestimmt gleich sagen, lieber Wind«, antwortet Cirrus prompt.

»Das ist eine Altocumulus-Wolke. Das sind kleine, kugelige Schäfchenwolken, die eine Wettervorhersage nicht immer einfach machen. Marschieren einzelne solcher Wolken am Himmel entlang, gehören sie zu einem Schlechtwettergebiet in weiter Ferne. In der Regel zieht es aber vorüber. Wird der Himmel jedoch plötzlich von vielen Schäfchenwolken überzogen, die eilig nach Osten ziehen, droht fast immer Regen. Nicht heftig, allerdings ergiebig, also viel!«

»Ventus, schau mal diese Wolke da ganz oben an. Sie sieht genauso aus wie die, an der ich mich gestern festhalten wollte. Doch du musstest mich ja unbedingt wegpusten. Obwohl, so richtig wusste ich gar nicht, wo ich anfassen sollte. Die Wolke war so dünn und zart.«

»Ah, du meinst die Cirruswolke, auch Federwolke genannt.«

»Hast du gerade Cirrus gesagt?«, fragt das Regentröpfchen gespannt. »Die heißt ja genau wie ich.

Das ist mein Name!

Das ist aber auch lustig, hi hi hi hi hie. Ventus, weißt du, was mir jetzt gerade auffällt? Die Wolkennamen ähneln auch denen meiner Freunde Cummuline, Stratus und Altos … das wird ja immer besser«, strahlt er. »Dann sind meine liebsten Freunde doch immer irgendwie bei mir. Herrlich!« Cirrus klatscht freudig lachend in die Hände.

»Ja, so ist es«, antwortet der Wind ruhig. »Die Cirruswolken sind übrigens die Wolken, die am höchsten stehen. Sie befinden sich ungefähr zwölf Kilometer über der Erde, dort wo es sehr kalt ist, bestehen aus kleinen Eiskristallen und

sehen wie feine Schleier aus. In manchen Ländern nennt man Federwolken auch Pferdeschwänze. Wenn du später auf der Erde bist, wirst du Pferde noch kennen lernen. Vielleicht reitest du mal auf einem oder du klammerst dich an deren Schwanz. So, jetzt aber weiter: Die starken Winde dort oben zerreißen die Wolken in Strähnen. Weißt du, was es heißt, wenn du solche Federwolken am Himmel siehst?«

Cirrus schaut den Wind bedauernd an: »Nein. Wie kann ich das wissen? Bis jetzt wusste ich ja nicht einmal, dass es solche Wolken gibt.«

Der Wind blickt zu den Federwolken hinauf und erklärt Cirrus geduldig: »Sie gelten als zuverlässige Wetterboten. Kommen sie während einer Schönwetterlage ganz langsam von Osten, dann lösen sie sich meistens wieder auf und zeigen schönes Wetter an. Kommen sie allerdings aus westlicher Richtung und verdichten sich rasch, dann sollte man schon mal vorsichtshalber die Regensachen bereithalten.«

»Hm, es ist also gar nicht so einfach, das Wetter vorherzusagen. Man muss viel über die Wolken wissen«, bemerkt Cirrus nachdenklich.

Wetterfrosch und Tannenzapfen

»Es gibt noch andere Möglichkeiten, das Wetter zu bestimmen. Es gibt Menschen auf der Erde, die Spezialisten für das Wetter sind. Man nennt sie Meteorologen. Mit vielen hochentwickelten Geräten und tausenden von Wetterwarten erstellen sie ihre Wetterberichte. Doch selbst die Menschen, die keine solchen Hilfsmittel haben, können ein bisschen Wetterfrosch spielen. Sie müssen die Natur und den Himmel nur genau beobachten. Interessiert es dich überhaupt? Ich erzähle und erzähle!«

»Ja, nun rede doch schon weiter. Ich finde total spannend, was du erzählst. Außerdem muss ich doch alles wissen, was mich auf der Erde erwartet. Wenn es so weit ist, werde ich ausprobieren, ob alles stimmt, was du sagst.«

Cirrus rutscht gleich noch näher an den Wind heran, der nun fortfährt: »Da gibt es zum Beispiel den Frosch. Sieh mal, ich habe dir Bilder mitgebracht, damit du weißt, von was ich rede und wie die Tiere aussehen. Also, der Frosch hier liebt hohe Feuchtigkeit in der Luft. Wenn er aus seinem Teich herausgekrabbelt kommt, kann das den bevorstehenden Regen ankündigen. Aber auch Grillen sind interessant. Sie reagieren ganz empfindlich auf Veränderungen des Wetters. Je wärmer es wird, desto lauter zirpen sie. In warmen, tropischen Ländern zirpen sie die ganze Nacht hindurch. Und sogar Schwalben gelten als Wetterboten. Ihre Lieblingsspeisen, die Mücken, fliegen bei hohem Luftdruck ganz oben. Wer also abends am hohen Himmel die Schwalben auf und ab gleiten sieht, kann sicher sein, dass es schönes Wetter gibt!«

Cirrus ist ganz aufgeregt, als er diese Neuigkeiten hört, doch der Wind erzählt schon weiter.

»Den Mond kennst du ja. Vielleicht hast du schon mal beobachtet, dass er manchmal von einem dunstigen, schleierartigen Kreis umgeben ist. Man sagt dann, er hat einen Hof. Es ist ein kreisförmiger, milchiger Fleck mit braunviolettem Rand. Der Hof ist ein Vorbote für Regen und im Winter für Schnee. Hast du eigentlich schon einmal einen Tannenzapfen am Tannenbaum gesehen? Schau her, da funktioniert das so: Bei Trockenheit schrumpfen ihre Schuppen und stehen steif nach außen ab. Wird die Luft feuchter, nehmen sie wieder Wasser auf, werden geschmeidig, biegsam und schließen sich. Das heißt dann also: Regen liegt in der Luft!«

Plötzlich ist ein lautes Geräusch zu hören, welches immer näher auf Cirrus und Ventus zukommt. »Was ist das für ein lautes Ding?«, fragt Cirrus bestürzt und hält sich die Ohren zu, bis der Krach vorbei ist. Er schaut vorsichtig nach unten und entdeckt einen langen weißen Streifen. »Wo kommt denn der weiße Streifen plötzlich her? Der ist genau dort, wo dieser Krachmacher gerade langgeflogen ist«, wundert sich Cirrus.

Der Wind muss ein wenig lachen. »Das Ding, wie du es nennst, ist ein Flugzeug. Das haben sich die Menschen gebaut, damit sie in andere Länder fliegen können. Flugzeuge fliegen oft ungefähr zehn Kilometer oder noch höher über

der Erde und ziehen dabei Abgasfähnchen hinter sich her. Das meiste davon ist gewöhnlicher Wasserdampf. Die Luft in dieser Höhe ist sehr kalt, deshalb kann sie nur wenig Wasserdampf aufnehmen. Das Wasser in den Abgasen erstarrt sofort zu winzigen Eiskristallen. Das ist der weiße Streifen, den du siehst. Man nennt ihn auch Kondensstreifen. Lösen sich die weißen Spuren am Himmel hinter dem Flugzeug rasch auf, dann ist das ein Zeichen für Trockenheit. Das Wetter bleibt gut! Ziehen sich die Kondensspuren aber zu langen, milchigen Streifen hinter dem Flugzeug dahin, dann ist die Luft dort oben recht feucht. Das Wetter wird also schlechter!«

Cirrus ist ganz aufgeregt, so viel hat er jetzt gesehen und gehört. Das muss er erst einmal in seinem Köpfchen ordnen. Dazu legt er sich schlafen.

Welche Wolke wird sich Cirrus während einer Schönwetterlage wohl aussuchen?

Natürlich die Haufenwolke, denn dort ist es so kuschelweich und bequem. Schnell rollt er sich ein, wirft dem Wind noch einen Gutenachtkuss zu und ist auch schon eingeschlafen. Ventus schaut ihm lächelnd zu und wiegt die Wolke sacht und seicht hin und her, so dass Cirrus wie in einem Schaukelbett ruht.

Cummuline macht sich Sorgen

Cummuline ist schon sehr zeitig wieder munter. Alles um sie herum ist ruhig und schläft. Sie blickt zu Cirrus' Bett hinüber, doch es ist immer noch leer. »Es wird doch nichts passiert sein mit Cirrus«, denkt sie sich besorgt. Wie sie so daliegt und grübelt, fällt ihr das letzte Gespräch mit Cirrus ein. Cummuline kennt seinen Traum von der Erde und sie weiß genau, was sie zu Cirrus gesagt hat. Für die Erfüllung seiner Träume muss man etwas tun, das waren ihre Worte. »Oh, du meine Güte«, murmelt Cummuline erschrocken vor sich hin. »Ich werde ihn doch nicht ermutigt haben, die Rutsche zu benutzen. Es ist doch noch viel zu früh! Was mache ich denn jetzt bloß? Vielleicht haben Altos und Stratus eine Idee?«

Cummuline läuft zu den beiden hinüber und macht sie vorsichtig munter. Bei Altos ist das kein Problem, schon beim ersten Versuch wacht er auf und ist putzmunter.

Bei Stratus gestaltet sich das Wecken schon viel schwieriger. Immer wieder brummt er vor sich hin und dreht sich auf die andere Seite. Mit rauer, verschlafener Stimme sagt er: »Mmmh, lasst mich, ich will schlafen!« Er fuchtelt mit den Armen, als wolle er etwas wegstoßen, und ist auch schnell wieder eingeschlafen. Doch Cummuline und Altos geben nicht auf. Noch einmal rütteln sie Stratus und flüstern seinen Namen. So langsam kommt dieser zu sich und räkelt sich. Er streckt Arme und Beine kräftig aus, sein ganzer Körper strafft sich und er gähnt dabei. Und das nicht etwa leise! Nein, es schallt über alle Wolkenbetten hinweg. »Haaaaaaaah!« Plötzlich löst sich die Spannung, Stratus rollt sich zusammen wie ein Igel und kuschelt sich in seine Decke ein. Er schläft nicht mehr, aber er genießt die Wärme und Stille, die ihn umgibt. Zumindest so lange, bis Cummuline und Altos ihn wieder an der Schulter rütteln und aufgeregt auf ihn einreden.

»Komm schon, Stratus. Du musst aufstehen und uns helfen. Wir müssen überlegen, was wir wegen Cirrus unternehmen.«

Stratus, noch immer halb verschlafen, dreht sich um, steckt gemächlich ein Bein aus dem Bett, dann das andere und bleibt noch eine Weile auf dem Bettrand sitzen. Dabei reibt er sich den Schlafsand aus den Augen. Als das geschehen ist, träumt er mit offenen Augen noch etwas vor sich hin. Abrupt springt er, völlig unerwartet für Cummuline und Altos, auf und geht sich waschen. Zurückgekommen, sieht Stratus jetzt munter und vergnügt aus und fragt die beiden, was denn los sei.

Cummuline fängt an zu erzählen: »Glücklicherweise ist dem Mond gestern Abend gar nicht aufgefallen, dass Cirrus fehlt. Ich bin mir nun ziemlich sicher, dass er die Rutsche benutzt hat, um endlich auf die Erde zu segeln. Das war schon immer sein Traum. Er hat es mir einmal erzählt. Wir müssen überlegen, was wir jetzt tun können.«

Zu dritt laufen sie los und nähern sich, ohne sich vorher abgesprochen zu haben, der Rutsche. Jeder ist mit seinen eigenen Gedanken beschäftigt, als sie plötzlich vor der goldenen Kette stehen. Erschrocken schauen sie sich an. Es sieht aus, als würden sie sich fragen: »Nanu, wie kommen wir denn plötzlich hierher?«

Die drei setzen sich auf den Boden und versinken wieder in ihre Gedanken, bis Cummuline plötzlich vorschlägt: »Ich finde, wir sollten ihm hinterherrutschen und versuchen, ihn zu finden.«

Stratus und Altos zucken unwillkürlich zusammen. Ihnen kommt es im ersten Moment vor, als hätte Cummuline sie angeschrien. Doch sie spricht normal wie immer und wundert sich deshalb über die erschrockenen Gesichter der beiden.

»Ich weiß nicht, ob das klug ist«, antwortet Altos. »Erstens können wir nicht mit Sicherheit sagen, ob Cirrus die Rutsche wirklich benutzt hat. Zweitens wissen wir nicht, wie lange das schon her ist. Und drittens haben wir keine Ahnung, wohin er geflogen sein könnte.«

Stratus wirft ein: »Wisst ihr, umso mehr ich darüber nachdenke, desto mehr zweifle ich daran, dass Cirrus jemals vorhatte, mit uns gemeinsam zu fliegen. Vielleicht will er ja allein sein.«

Doch damit kann sich Cummuline gar nicht zufriedengeben. Sie weiß es besser, denn Cirrus und sie haben viel miteinander geredet. Deshalb erwidert sie prompt. »Nein, er wollte mit uns zusammen fliegen. Irgendeine unbändige Kraft muss ihn dazu gebracht haben zu rutschen.

Anders kann ich es mir nicht …«

»Nun gut, selbst wenn das so ist. Ich würde trotzdem sagen, wir bleiben hier«, fällt Stratus ihr ins Wort. Eigentlich hat er noch keine Lust, die Reise zur Erde anzutreten. Wenn er daran denkt, wie gemütlich es hier oben in ihren Wolkenbetten ist und wie viel Zeit sie hier noch gemeinsam verbringen können. Wer kann schon sagen, was sie bei diesem großen Abenteuer erwartet! Zwar ist die Vorstellung schön, die Rutsche zu benutzen, aber was ist dann?

Altos wendet sich mit ernster Miene an seine Freunde. »Wir wissen nicht genau, was mit Cirrus los ist. Ich halte es für klüger, wenn wir warten, bis wir groß und stark genug sind, und dann versuchen, Cirrus zu finden. Ich denke, wir werden ihn auf der Erde wiedersehen, und dann gibt es so viel zu erzählen.«

Cummuline blickt ihn traurig an, ihr gefällt der Vorschlag nicht so richtig. Sie ist hin- und hergerissen und weiß nicht recht, was sie tun soll. Cirrus ist ihr

bester Freund, doch von den anderen will sie sich auch nicht trennen. »Gut, dann bleiben wir eben«, sagt sie schließlich schweren Herzens und beendet das Gespräch mit einem traurigen Seufzer.

Mitleidig schauen die Jungs zu ihr hinüber. Sie wissen genau, wie schwer es Cummuline fällt, ohne ihren Freund zu sein, und auch ihnen selbst ist nicht ganz wohl dabei, mit der Ungewissheit über Cirrus' Verschwinden zurechtzukommen. Doch gemeinsam sind sie stark.

Stella, die stolze, strahlende Sonne

Erst als es schon ganz hell ist und die Wärme Cirrus auf seiner Wolke schwitzen lässt, wird er munter und steht auf. Wie gut er doch geschlafen und von all den Wolken geträumt hat, die er gestern kennen lernen durfte.

Cirrus ruft in den Himmel hinaus: »Guten Morgen, mein Freund. Hallo Ventus? Wo bist du? Es ist so leise, ich höre kein Geräusch!« Suchend schaut sich Cirrus um, doch es bleibt alles still. Kein Lüftchen regt sich und der Wind ist nirgends zu entdecken. »Nun gut«, denkt das kleine Regentröpfchen bei sich, »dann werde ich mich allein umschauen.«

Da strahlt Cirrus etwas direkt in die Augen und er schaut verdutzt zum Himmel hinauf. Dabei muss er die Augen mit der flachen Hand abdecken, weil es ihn so sehr blendet. Er blinzelt: »Wer bist du denn? Dich habe ich doch schon einmal gesehen!«

»Ja, ganz bestimmt, jeden Tag«, antwortet eine zarte, hohe Stimme.

»Ich bin die Sonne Stella!«

»Was machst du denn den ganzen Tag am Himmel? Ist dir niemals langweilig?«, fragt Cirrus die Sonne.

»Oh nein, ganz bestimmt nicht«, spricht die Sonne zu Cirrus. »Ich habe den lieben langen Tag damit zu tun, die Erde zu erwärmen. Und ich spende den Tieren, Pflanzen und Menschen Wärme und Licht, das brauchen sie unbedingt, um leben zu können! Nur manchmal, wenn dicke Wolken aufziehen, bin ich nicht zu sehen. Dann ruhe ich mich hinter ihnen aus. Aber wenn der Regen zu lange dauert, werde ich ungeduldig und versuche, mich wieder zwischen den Wolken hindurchzudrängeln und sie zur Seite zu schieben. Und dann sehe ich, wie alle Menschen auf die Straßen laufen und sich freuen. Sie packen ihre Picknickkörbe aus und ziehen hinaus auf die Wiesen, spielen, lachen oder legen sich ins Gras und schauen voller Freude in den Himmel. Die Blumen öffnen ihre Blütenkelche und recken sich mir entgegen. Die Tiere kommen aus ihren Verstecken und lassen sich das Fell von mir trocknen. Es gibt aber auch einige Tiere, die sich vor mir verkriechen.

Sie vertragen meine Hitze nicht und kommen erst nachts aus ihren Unterschlüpfen.«

Cirrus hat die gesamte Zeit aufmerksam gelauscht.

Nun fragt er weiter: »Wenn die Leute sich so freuen, dass du scheinst, dann braucht man die Wolken und den Regen ja gar nicht.«

»Das stimmt keinesfalls«, antwortet Stella. »Die Wolken sorgen für den Regen

und der ist genauso wichtig wie die Sonne. Denn ohne Wasser gäbe es kein Leben auf der Erde. Stell dir vor, ich würde tagtäglich immer nur meine warmen Strahlen auf die Erde senden, dann würde alles vertrocknen. Ich habe nämlich eine dumme Angewohnheit. Ich gebe nicht nur Wärme. Ich nehme mir einfach von allem, was es auf der Erde gibt, die Feuchtigkeit, also das Wasser, und ziehe sie zu mir in den Himmel hinauf. Denk jetzt bloß nicht, dass ich von allein damit aufhöre. Ich sauge und sauge und sauge, und wenn mich keiner aufhält, hole ich mir so lange Feuchtigkeit aus dem Erdboden, aus den Pflanzen und Seen, bis auf der Erde nichts mehr da ist. Der Boden trocknet aus und wird rissig. Pflanzen und Blumen verwelken, die Farben verschwinden, die Menschen ver-dursten und nichts kann mehr wachsen. Die Wolken aber bremsen mich und sorgen dafür, dass auf der Erde Abwechslung herrscht. Sprich, Cirrus, soll ich dir auch noch erklären, wie die Wolken entstehen?« Die Sonne liebt es geradezu, anderen ihr Wissen preiszu-geben, sie prahlt recht gern damit. Und gerade jetzt verspürt sie den dringen-den Wunsch, sich wichtig zu machen und dem in ihren Augen kleinen, dummen Wassertröpfchen noch mehr von ihren Weisheiten zu erzählen.

Doch da hat sie sich wohl getäuscht! Ein kleines Wassertröpfchen ist Cirrus ohne Frage, aber dumm?

Auf keinen Fall!

Denn er hat den Ausführungen der Sonne sehr gut zugehört und noch während der Erzählung überlegt, wie so eine Wolke entstehen könnte. Wenn man nur ein bisschen über das Gehörte nachdenkt, kommt man von ganz allein darauf.

Cirrus lächelt vor sich hin, weil die Sonne so angeben will, und überlegt, wie er es ihr am besten erläutern könnte. »Liebe Stella, ich finde es toll, was du alles weißt. Aber diese Frage versuche ich, einmal selbst zu beantworten, und du sagst mir am Schluss, ob es so richtig ist. Bist du damit einverstanden?«

Na ja, ein bisschen komisch schaut die Sonne nun doch drein. Viel lieber hätte sie sich selbst reden gehört. Da Cirrus jedoch so ein netter Kerl ist, verzichtet sie darauf und willigt ein. Sie lehnt sich gemütlich zurück und schaut ihn erwartungsvoll an.

Wie Sonne und Wind einander helfen

»Ich denke, es ist so«, beginnt Cirrus. »Gestern, als ich aufwachte und von den Wolken herunterschaute, habe ich vermutlich dich gesehen. Du kamst hinter einem Berg hervorgeklettert, und dein Licht fiel auf einen wunderschönen kleinen See. Weißt du, wie schön er aussah? Er war umgeben von hohem Schilf und von Weiden, die ihre Zweige weit über ihn hängen ließen. Manche Äste berührten sogar das Wasser. Mitten im See wuchsen Seerosen, deren Blätter riesengroß waren. Eigentlich sahen sie wie Teller mit einem hohen Rand aus. Auf einem Blatt saß ein Frosch und quakte vor sich hin. Am liebsten hätte ich mich danebengelegt. Später, wenn ich auf der Erde bin, probiere ich das auch einmal aus. Neben den Blättern öffneten sich die Seerosenblüten langsam, und es kamen wunderschöne Farben zum Vorschein. Gelbe, pinke, lilafarbene, weiße und kräftig rote Blütenkelche streckten sich dir entgegen.

Kerzengerade standen sie da und breiteten ihre langen, schmalen Blüten-
blätter aus.«

Die Sonne erwacht aus ihrer Versunkenheit. »Darf ich dich mal unterbrechen?
Ich kann mich genau erinnern. Jeden Morgen freue ich mich auf solche Bilder.
Aber woher kennst du den See, die Weiden und die Seerosen? Du hast doch so
etwas noch nie gesehen.«

»Das stimmt, doch der Mond hat uns jeden Abend eine Gutenachtgeschichte
erzählt, unter anderem auch von dem See mit all seiner Schönheit. Ich konnte
mich sofort daran erinnern und wusste, das ist genau das, was der Mond
beschrieben hat. Ich finde das alles total faszinierend. Eigentlich wollte ich doch
aber von etwas ganz anderem erzählen. Du steigst also über den See und deine
Strahlen werden immer heißer. Mit diesen Strahlen ziehst du das Wasser aus
dem See in den Himmel. Weil du jedoch das Wasser so heiß machst, wird es zu
Dampf und man kann es nicht mehr sehen. Der Dampf steigt in den Himmel
und verteilt sich dort. Wenn dann immer mehr Dampf dazukommt, weil du,
liebe Stella, nicht genug kriegen kannst, sammelt er sich irgendwo und das sind
die Wolken.«

Beifall erklingt. Die Sonne ist hocherfreut und erstaunt zugleich. Dem kleinen Wassertropfen hätte sie so ein schlaues Köpfchen gar nicht zugetraut. Und wie er es erklärt hat, war einfach super.

In diesem Moment vernehmen beide ein leises Brausen und Cirrus wird von hinten angestupst. »Hey, da bist du ja! Stella, darf ich dir meinen Freund, den Wind, vorstellen?«

»Den brauchst du mir nicht vorzustellen«, antwortet die Sonne, »wir sind schon alte Bekannte. Fast täglich begegnen wir uns irgendwo.«

»Wieso denn das?«, fragt Cirrus neugierig.

»Nun, weil wir uns gegenseitig brauchen«, erwidert der Wind. Da er Cirrus schon gut kennt, spricht er gleich weiter. »Fangen wir einmal von vorne an. Die ganze Erde ist von Luft eingehüllt, die uns umgibt und jede Stelle ausfüllt. Die Menschen atmen die Luft ein und könnten ohne sie nicht leben. Du kannst die Luft nicht fangen, sie nicht wiegen, weder aufhängen, anfassen noch sehen. Sie ist einfach um uns herum. Ich bin der Wind und meine Lieblingsbeschäftigung ist es zu wehen. Dazu brauche ich die Luft. Doch sie allein genügt nicht. Die Menschen in den Häusern haben Öfen. In denen machen sie Feuer, damit sie es warm haben und nicht frieren. Wenn du eine Feder über den heißen Ofen hältst und sie loslässt –«

»Dann fällt sie runter. Alles fällt nämlich herunter«, wirft Cirrus ungeduldig ein.

»Nein, eben nicht. Die Feder steigt in die Luft. Jetzt fragst du dich bestimmt, warum das so ist. Ich will es dir erklären: Die warme Luft ist leicht, steigt nach oben und trägt die Feder. Machen die Menschen ein Fenster auf, kommt kalte Luft in den Raum. Diese ist schwer und kriecht am Fußboden entlang. Da muss man auf- passen, dass man keine kalten Füße bekommt. In der Natur ist es genauso. Da haben wir zwar keinen Ofen, in dem man Feuer machen kann, jedoch gibt es dafür unsere Stella. Du weißt ja schon, dass die

Sonne die Erde erwärmt. Sie wärmt die Steine, den Sand, das Wasser. Bei den Steinen und dem Sand benötigt die Sonne nicht so viel Kraft zum Aufwärmen. Das Wasser braucht längere Zeit, um warm zu werden, da es sich bewegt und immer wieder kühleres Wasser von unten nach oben gelangt. Wenn nun die warme Luft vom Sand nach oben steigt, kommt vom Meer kalte Luft dazu. Je größer der Unterschied zwischen warmer und kalter Luft ist, desto mehr Bewegung ist da. Das liegt daran, dass die Luft sich immer Mühe gibt, gleich warm zu sein.

Und diese Bewegung nennt man Wind.

Das bin also ich! Und nun weißt du, warum die Sonne und ich uns immer begegnen«, beendet der Wind seine lange Rede.

»Du meine Güte, ist das alles aufregend«, schaut Cirrus ihn mit großen Augen an. »Das heißt also, wenn der Unterschied zwischen kalter und warmer Luft nicht so groß ist, pustest du nur ein wenig. Wenn aber sehr heiße und sehr kalte Luft aufeinanderstoßen, dann wirbelst du alles richtig durcheinander. Dann war also auch die Sonne daran schuld, dass ich gestern lauter Purzelbäume durch die Luft gemacht habe? Ich sollte euch deswegen eigentlich böse sein! Ich glaube aber, das kann ich trotzdem nicht. Ihr seid ja meine Freunde.«

»Du hast vollkommen recht, Cirrus«, spricht der Wind ganz leise. Er ist richtig stolz auf das kleine Wassertröpfchen, denn es ist schwer zu verstehen, wie der Wind entsteht.

Plötzlich wird er aus seinen Gedanken gerissen, als sich Stella vernehmlich räuspert und spricht: »Es ist jetzt an der Zeit, mich zu verabschieden. Ich muss dafür sorgen, dass es überall Nacht wird und sich alle ausruhen können. Tschüss, macht's gut.«

»Oh ja, tschüssi, liebe Stella. Ich bin auch schon wieder müde. Ich werde mich schlafen legen«, sagt Cirrus und schläft auf der Stelle ein. Er kommt nicht einmal dazu, sich vom Wind zu verabschieden. Aber der ist ihm deswegen überhaupt nicht böse. Er weiß, es war ein anstrengender Tag für so einen kleinen Wassertropfen.

Langsam wird es dunkel und die Nacht bricht herein.

Der Herbst in seiner bunten Pracht

Cirrus wacht am Morgen ausgeschlafen auf und freut sich auf den Tag, doch in seinem Kopf schwirren viele Fragen. Er fragt sich im Stillen, was der Tag ihm wohl heute Neues bringen wird. Cirrus hält Ausschau nach seinen beiden Freunden Stella und Ventus, kann aber nur die Sonne entdecken. »Hallo, liebste Freundin, wo ist denn der Wind?«

Die Sonne antwortet noch ganz verschlafen. »Er hat mir gestern gesagt, er will heute richtig ausschlafen und gar nicht blasen. Er sammelt seine Kräfte, um bald die Blätter von den Bäumen pusten zu können.«

»Warum denn das?«, fragt Cirrus neugierig.

Die Sonne gähnt vor sich hin und schüttelt sich dann fröstelnd, bevor sie anfängt zu erzählen. »Weißt du, Cirrus, der Sommer ist vorbei. Ich habe nicht mehr so viel Kraft und Hitze in mir und das wird für eine ganze Weile so bleiben. Es wird sogar richtig kalt werden für einige Zeit, denn nach dem Herbst kommt der Winter auf die Erde.«

»Das verstehe ich nicht! Was bedeutet Herbst oder Winter?«

»Cirrus, ich mache dir einen Vorschlag. Wir behalten dich bei uns, bis der Frühling kommt, und dann erst setzt du deine Reise auf die Erde fort. In dieser

Zeit kannst du alles erfahren, sehen und erleben, was dich interessiert. Bist du einverstanden?«

Und ob Cirrus das ist! Er ist überglücklich, denn so kann er noch lange mit seinen neuen Freunden zusammen sein und viel lernen. Damit die Sonne nicht erst auf die Idee kommt, es sich anders zu überlegen, antwortet Cirrus schnell: »Ja, ja, natürlich!«

In der Zwischenzeit ist der Wind aufgewacht und hat den letzten Worten der Sonne gelauscht. Auch er freut sich riesig darüber, den kleinen Wassertropfen noch ein bisschen länger hier oben zu behalten. Er bringt so viel neuen Schwung und gute Laune mit, dem kann man sich einfach nicht entziehen.

Und so kommt es, dass Cirrus viele Wochen und Monate bei seinen Freunden verbringt. Geduldig beantworten sie ihm seine unzähligen Fragen und erklären ihm Dinge, von denen er noch nie zuvor gehört hat. Das Tollste an der ganzen Sache ist jedoch, dass Cirrus all das, was ihm seine Freunde erzählen, selbst beobachten und erleben kann. Oft ist es aber auch andersherum. Cirrus schaut und schaut und nimmt alles in sich auf und kurz vor Stellas abendlichem Abschied, wenn alle drei gemütlich zusammensitzen, stellt er seine Fragen.

So erfährt Cirrus, was Herbst bedeutet.

Die Sonne schickt weniger Licht und Wärme auf die Erde. Es regnet viel und es wird kälter. Die Blumen verblühen, die Blätter auf den Bäumen verfärben sich und jedes davon erstrahlt in anderen Farben. Nur die Nadelbäume behalten ihr saftiges Grün. Hängen die Blätter dann nicht mehr so fest an den Zweigen, pustet der Wind sie von den Bäumen, sie fallen herab und verfaulen auf der Erde. Es dauert nicht lange und die Bäume sehen kahl und nackt aus.

Eigentlich ist Cirrus traurig darüber, ihm haben sie viel besser gefallen, als sie noch voller Blätter waren. Er weiß aber jetzt, warum das sein muss und wie wichtig es ist, dass alle Pflanzen diese Zeit der Ruhe bekommen. Sie brauchen sie, um neue Kraft zu schöpfen, damit sie im nächsten Jahr wieder frische grüne Blätter bekommen und in voller Pracht erblühen können. Wenn Cirrus genau darüber nachdenkt, gefällt ihm auch der Herbst sehr gut. Denn bevor die Bäume ihre Blätter verlieren, sehen sie so schön bunt aus. Cirrus freut sich über die kleinen Neckereien, die sich Stella und Ventus bieten. Die Sonne leuchtet die Blätter an und lässt sie in prachtvollen Farben erstrahlen. Der Wind wiegt sie erst seicht am Baume hin und her, bis er sie dann kraftvoll herunterweht. Die Blätter wirbeln in lustigen Tänzen durch die Luft, auf und nieder, hoch und runter. Dann liegen sie ganz ruhig und funkeln im Sonnenlicht, doch Ventus gibt einen dicken Windstoß in den Blätterhaufen und bringt alles wieder durcheinander. Für Cirrus, auf seiner Beobachtungswolke, ist das ein wunderschönes Schauspiel.

Wind Ventus zeigt seine wahre Stärke

Cirrus und der Wind sind nun ein eingespieltes Team. Sie verbringen viele Stunden miteinander. Als sie gerade wieder einmal zusammensitzen und plaudern, überkommt den Wind ein seltsames Gefühl. Ihm ist, als bekäme er noch eine Menge zu tun an diesem Tag, und er denkt sich, dass es eigentlich die beste Gelegenheit ist, Cirrus zu erläutern, welche Kraft er wirklich besitzt.

»Hey, Cirrus, ich merke, dass heute ein stürmischer Tag wird, soll ich dir mal zeigen, was ich alles bewegen kann?«

»Oh ja«, freut sich Cirrus. »Fang gleich damit an! Das will ich sehen und fühlen.«

»Na gut, also aufgepasst«, beginnt der Wind. »Ich kann, wie du schon mitbekommen hast, stark oder schwach blasen. Deshalb teilt man meine Kraft in Windstärken ein. Es geht von Windstärke 0 bis Windstärke 12.

Fangen wir mit der Windstärke 0 an. Sie wird ›Windstille‹ genannt. Siehst du das Haus da unten? Schau mal, es steigt Rauch aus dem Schornstein. Erkennst du das?«

»Ja natürlich, der Dunst steigt ganz gerade nach oben«, antwortet Cirrus.

»Richtig, das heißt, ich blase überhaupt nicht. Es geht kein Lüftchen.«

»Nun schau, jetzt kommt Windstärke 1, auch ›Leiser Zug‹ genannt. Der Rauch aus dem Schornstein wird leicht zur Seite gedrückt, aber ansonsten bewegt sich nichts.

Jetzt folgt die ›Leichte Brise‹, die Windstärke 2.«

»Hey, ich fühle dich ganz leicht in meinem Gesicht. Ein sanfter Windhauch gleitet über meine Haut. Es ist ein wunderbares Gefühl! So zärtlich kannst du sein?« Cirrus ist begeistert.

»Tja, da staunst du! Und wenn du jetzt so still wie ein Mäuschen bist, kannst du sogar hören, wie die Blätter säuseln. Pass auf, es geht weiter!

Die ›Schwache Brise‹, also Windstärke 3, ist dran. Blätter und dünne Zweige bewegen sich genauso wie das kleine Fähnchen auf dem Turm.

Als ›Mäßige Brise‹ bezeichnet man die Windstärke 4.«

»Aua, ich bekomme lauter Staub in die Augen. Warte mal, bevor du weitermachst, ich muss ihn mir erst herausreiben.« Kaum hat Cirrus das geschafft, wird es plötzlich schon wieder dunkel um ihn herum. Cirrus wundert sich sehr. Irgendetwas lastet schwer auf seinen Schultern und drückt ihn ganz nach unten. Er fragt sich, was hier gerade los ist.

»Hihi, entschuldige bitte, kleines Wassertröpfchen, entschuldige. Ich habe aus Versehen ein Blatt über dich gepustet. Tut mir wirklich leid. Ich lasse es wieder fliegen, dann bist du frei.«

»Na ein Glück, puh«, schnauft Cirrus irritiert. Nun schaut er erstaunt nach unten. »Der See hat ja Wellen bekommen und auf den Wellen sind kleine Schaumkämme zu sehen. Darauf zu reiten, macht bestimmt Spaß. Das werde ich später auf der Erde auch einmal ausprobieren. Da freue ich mich jetzt schon. Los, weiter, lieber Wind! Das fängt an, mir richtig Freude zu machen.«

»Also gut, Windstärke 5 ist die ›Frische Brise‹. Was siehst du, Cirrus, wenn du nach unten schaust? Sag es mir.«

»Was ich sehe? Na, du wirbelst mächtig viel Dreck und Staub auf. Und wenn ich mir die kleinen, dünnen Laubbäume so anschaue, die schwanken ganz schön hin und her.«

Oh oh oh!

»Gut, ich zeige dir jetzt, was ›Starker Wind‹ bedeutet, also die Windstärke 6.«

»Oh weh, was machst du denn mit den großen Bäumen? Selbst die schwanken jetzt. Und die kleinen Bäume haben ganz schön zu tun, damit sie von dir nicht niedergedrückt werden.« Cirrus steht am Wolkenrand und genießt seinen erstklassigen Ausblick von hier oben. In diesem Moment dreht sich der Wind zu Cirrus.

»Äh, was machst du da?«, ruft Cirrus dem Wind zu. Es reißt ihn vom Wolkenrand weg und er wird ein Stück über die Wolke nach hinten geschoben. Da
Cirrus wieder zum Rand der Wolke zurück will, stemmt er sich mit aller Kraft
gegen den Wind und arbeitet sich mit langsamen, behäbigen Schritten zu
seinem Platz zurück. Da haben seine kleinen Beinchen mächtig zu ackern und
müssen sich sehr anstrengen. Cirrus atmet auf und setzt sich hin. In Erwartung
dessen, was da noch kommen mag, krallt er seine Hände in die Wolke hinein.
Kaum hat er dies getan, erhebt sich ein noch stärkerer Wind.

»Man nennt diesen Wind ›Steifen Wind‹. Das ist Windstärke 7«, erklärt ihm der
Wind, als er kurz aufhört zu pusten.

Zum Glück hält sich unser Wassertröpfchen ordentlich fest, denn der Wind
reißt ihm plötzlich die Beine nach hinten und Cirrus schwebt halb über der
Wolke. Der Wind zerrt und reißt so stark an ihm, dass er schon glaubt, sich
nicht länger festhalten zu können. Cirrus' Körper verformt sich. Oben herum
wird er ganz schmal und dünn, sein Gesicht wackelt und verzerrt sich. Dafür
sammeln sich an seinem Po sämtliche Wassermassen an und er wird unten
dick und rund. Die Beinchen sind kaum noch zu sehen. So wie Cirrus nun
aussieht, möchte man glatt in schallendes Gelächter verfallen. Doch schaut
man genauer hin, muss man sich das Lachen schnell verkneifen, denn dem
Regentröpfchen ist seine Anstrengung und Angst deutlich anzusehen. Cirrus
ist nicht einmal mehr in der Lage, etwas zu sagen.

Der Wind sieht das auch und richtet seine Kraft sofort auf die Erde. Dies macht er allerdings so abrupt, dass Cirrus – plumps – mit einem Schlag auf die Wolke platscht. Bäuchlings liegt er da und rührt sich nicht. Wehgetan hat er sich aber keinesfalls, denn Wolken sind für gewöhnlich weich und flauschig. Da hat er doch unbewusst alles richtig gemacht!

Langsam kommt wieder Leben in das kleine Wassertröpfchen. Es rappelt sich auf, hat jedoch noch mit seinem aufgeregten, hastigen Atem zu tun und schnappt nach Luft. Es dauert ein paar Minuten, bis sich Cirrus wieder beruhigt hat und etwas sagen kann. Doch es geht noch schlimmer.

»Weißt du, lieber Wind, mehr kann ich nicht aushalten. Das übersteigt meine Kräfte. Wir sind jetzt bei Windstärke 7, wenn ich richtig verstanden habe. Es fehlen uns also noch fünf Windstärken? Oh nein, ohne mich!«

Der Wind sieht das ebenso. »Ich werde nicht mehr in deine Richtung blasen, Ehrenwort! Schau auf die Erde.«

»Hey, den Menschen da unten geht es ja fast wie mir. Sie haben die größten Probleme, ihre Regenschirme festzuhalten, und müssen sich mit aller Kraft gegen den Wind stemmen. Und ich höre ein Pfeifen zwischen den Telegrafenmasten. Das hört sich irgendwie gruselig an. Hör mal, Ventus, eigentlich ist mir die Lust vergangen, die anderen Windstärken kennen zu lernen. Das kann nur noch schrecklicher werden.«

»Ich verstehe dich, nur können wir beide das leider nicht verhindern. Du weißt, dass ich nicht beeinflussen kann, wann, wo und wie stark ich blase. Entscheidend dafür sind andere Faktoren. Ich versichere dir, wenn ich so sehr pusten muss, dann kann ich mich selbst nicht leiden. Mir bleibt aber keine andere Wahl. Kommt es zu solchen Windstärken, bringe ich nur Unheil und Verderben. Ich spüre es, wir erleben heute noch die Windstärke 10. Oh nein, es geht wieder los!«

Und schon muss der Wind wieder blasen. »Stufe 8 nennt man den ›Stürmischen Wind‹«, ruft Ventus dem Regentröpfchen noch schnell zu.

Cirrus sieht, wie Zweige von den Bäumen brechen und auf den Boden fallen. Es gibt ein krachendes Geräusch. Autos auf den Straßen haben es trotz starker Motoren schwer, gegen den Wind zu kämpfen. Kommt der Wind unglücklich von der Seite, kann es vorkommen, dass die Autos ins Schleudern geraten. Das kann sehr gefährlich werden.

Der Wind steigert sich nochmals, bevor er wieder mit voller Kraft pustet, erklärt er Cirrus: »Bei Windstärke 9 sprechen wir vom ›Sturm‹.« Nun geht es ganz schön zur Sache. Es kommt zu kleineren Schäden an Häusern. Der Wind rüttelt hier und da an einem Fensterladen und versucht, sie aus ihrer Verankerung zu reißen. Eine Fensterscheibe geht zu Bruch, die abgebrochenen Zweige werden durch die Luft geschleudert und verursachen Schäden. Der Wind zieht an den Dachziegeln, bis sie klappern. Locker sitzende Ziegel werden angehoben und lösen sich vom Dachstuhl. Sie fallen scheppernd herunter und zerbrechen in lauter Einzelteile. Gut, dass sich nur wenige Menschen auf die Straße trauen. Erschreckenderweise bewahrheitet sich die Vorhersage des Windes und er holt aus, um noch stärker zu pusten. Bevor er loslegt, erzählt er Cirrus, dass nun die Windstärke 10, also ein ›Schwerer Sturm‹, beginnt. Ein schreckliches Bild bietet sich Cirrus. Ganze Bäume, es ist kaum fassbar, werden entwurzelt. Sie werden

einfach aus der Erde gerissen oder umgeknickt, als wenn es kleine Streichhölzer wären. Einige Häuser werden schwer beschädigt. Auf manchem Dachstuhl liegen nun gar keine Ziegel mehr. Die umstürzenden Bäume richten zusätzlichen Schaden an. Alles, was nicht festgekettet ist, wirbelt durch die Luft. Cirrus muss sich wegdrehen. Das kann er nicht mehr mit ansehen.

Langsam kommt der Wind zur Ruhe. Er fühlt sich schwach und ausgelaugt. Seine stürmischen Tage kann er überhaupt nicht leiden. Es tut ihm weh, wenn er sieht, was er da anrichtet. Ginge es nach ihm, dürfte solch ein Unwetter nicht sein. Zugegeben, bis Windstärke 6 hat er Freude daran, seine Kraft herauszupusten, ab und zu auch mal bis zur Windstärke 7. Das kann recht lustig sein. Regenschirme klappen immer wieder zu, Hüte fliegen durch die Gegend und das Pfeifen in den Leitungen hört er ebenfalls mal ganz gern. Alles, was danach kommt, findet er jedoch furchtbar. Wäre es ihm möglich, Stürme und Orkane abzuschaffen, er würde es auf der Stelle tun. Und die noch folgenden zwei Windstärken, der ›Orkanartige Sturm‹ und der ›Orkan‹, die sind für ihn schrecklich, denn da bleibt nichts mehr stehen. Alles, restlos alles wird dann zerstört. Das erklärt der Wind dem Regentröpfchen noch völlig erschöpft.

Nein, so etwas will Cirrus niemals erleben!

Nachdem nun langsam wieder Ruhe eingekehrt ist, schauen sich Cirrus und der Wind an. Unterschiedliche Gedanken bewegen beide, trotzdem regt sich in ihnen dasselbe Gefühl und sie haben den gleichen Wunsch. Schweigend kuscheln sie sich aneinander. Der eine spürt des anderen Körper, diese Nähe lässt beide zur Ruhe kommen, die Spannung verschwindet und die verkrampften Glieder lösen sich langsam. Ein Gefühl von Wärme und Geborgenheit durchdringt sie, und sie schlafen wortlos ein. Erklärungen sind nicht nötig. Sie haben sich auch so verstanden. Tief und fest schlafen die beiden, nichts kann sie aufwecken. Cirrus liegt zusammengerollt auf der Seite. Schaut man genauer hin, ist sogar ein zartes Lächeln in seinem Gesicht zu sehen. Entspannt liegt er neben dem Wind. Dieser scheint schlecht zu träumen, denn er zuckt fortwährend zusammen. Zwar nicht so sehr, dass er Cirrus aus dem Schlaf reißt, aber doch so, dass das Regentröpfchen es spürt und sich unbewusst noch näher an den Wind kuschelt.

Cirrus entdeckt den Winter

Es ist mittlerweile schon viel Zeit vergangen, so dass der Winter langsam hereinbricht. Von Tag zu Tag wird es kälter und die Sonne lässt sich kaum noch blicken. Wenn sie mal zu sehen ist, sitzt sie frierend da und ist recht schweigsam. Man kann aber nicht behaupten, sie wäre traurig. Nein! Eher macht sie den Eindruck, als denke die Sonne über vieles nach. Doch ihre Gedanken bleiben ihr Geheimnis. Weder Cirrus noch der Wind bedrängen sie deswegen. Sie lassen der Sonne ihre Zeit der Besinnung. Die beiden sind im Moment auch nicht aktiver, selbst wenn ihnen die Kälte nicht so viel ausmacht. Der Wind liegt in seinem Schaukelstuhl und genießt es, nicht pusten zu müssen. Er brummelt leise ein Lied vor sich hin. Gegenüber, im Wolkenbett, befindet sich Cirrus. Auf dem Rücken liegend hat er die Beine angewinkelt und das linke Bein über das rechte geschlagen. Seine Arme ruhen zusammengeschlagen unter seinem Kopf und er träumt mit geschlossenen Augen vor sich hin.

Plötzlich landet etwas Kaltes, Feuchtes auf seiner Nase. Es ist weiß, das hat er kurz gesehen. Natürlich ist er neugierig, was es wohl ist. Er selbst bleibt ganz still liegen, nur seine Augen rollt er langsam in Richtung Nase. Doch es ist nichts zu sehen außer einem winzig kleinen feuchten Fleck.

»Nanu, was ist denn hier los?«, wundert sich Cirrus leise. Kurz darauf berührt ihn erneut ein solches Etwas, bloß diesmal auf der Stirn. Aber dort kann Cirrus nun wirklich nicht hinsehen. Er runzelt die Stirn und greift nach oben. Wieder ein nasser Fleck. Das soll einer verstehen!

Nochmals fällt so ein Ding von oben herab.

Es bleibt auf seinem Bein liegen. Weiß ist es und wunderschön anzusehen. Jedoch nur kurz, denn seine weiße Farbe verblasst blitzschnell und seine Form geht verloren. Übrig bleibt nur ein durchsichtiger, nasser Fleck. Die Veränderung vollzieht sich so schnell, dass sich Cirrus nicht einmal mehr sicher ist, ob er das alles wirklich gesehen hat. Vielleicht hat er sich ja auch getäuscht? Neugierig richtet er sich auf, um der Sache auf den Grund zu gehen. Mit Erstaunen beobachtet er, wie nun überall um ihn herum solche Gebilde vom Himmel fallen. Allerdings muss er feststellen, dass alle weißen Teilchen, die auf seinem Körper landen, immer genau so schnell verschwinden, wie sie gekommen sind. Alle, die aber neben ihn fallen, bleiben liegen. Also schaut er genauer hin. »Mann, was ist denn das Schönes?« Ohne es zu merken, spricht er diese Worte laut aus.

Der Wind unterbricht sein Gemurmel und horcht auf. »Was hast du gesagt, Cirrus?«

»Ach, weißt du, hier fliegen so kleine Dinger durch die Gegend. Ich habe keine Ahnung, was das sein könnte. Trotz allem finde ich sie wunderschön, sehr interessant und geheimnisvoll. Kein Geräusch ist zu hören, wenn sie vom Himmel herabfliegen. Weiß sehen sie aus, und kaum hat man sie entdeckt, sind sie auch schon wieder verschwunden. Ich frage mich ernsthaft, wie das möglich ist. Unerklärlich ist mir vor allem, dass sie auf meinem Körper verschwinden, woanders dagegen liegen bleiben«.

»Lass mal sehen! Vielleicht gibt es zur Abwechslung wieder etwas zu erklären. Warte, ich komme rüber zu dir. Ich muss mich nur erst aus diesem Schaukelstuhl herauskämpfen. Oh, das gestaltet sich etwas schwierig. Ich sollte anfangen, mich immer mal etwas zu bewegen. Da ist wohl mein Bauch ein bisschen im Wege. Gleich habe ich es geschafft«, stöhnt der Wind.

Cirrus muss schmunzeln, als er sieht, wie sich der Wind mühsam aus seinem Schaukelstuhl erhebt und zu ihm herübergeklettert kommt.

»Oh, Cirrus, das sind Schneeflocken.«

»Wie heißt das?« Cirrus schaut den Wind ungläubig an.

Dieser lächelt vor sich hin: »Das sind Schneeflocken. Pass auf, ich versuche es, dir zu erklären. Überall in der Luft schweben winzige Wasserdampfteilchen. Auch feinste Teilchen von Meersalzen sind dabei. In der kalten Luft setzt sich der Wasserdampf an ihnen ab und bildet kleine Wassertröpfchen. Da es im Winter sehr kalt ist, gefriert das Wassertröpfchen und wird ein Eiskristall. An diesem setzen sich dann immer mehr Wassertröpfchen ab, die auch sofort gefrieren. Es bildet sich ein Schneekristall. Solche Schneegebilde haben eine regelmäßige, meist sechseckige Form. Kein Kristall sieht aus wie der andere. Wenn es sehr kalt ist, entstehen feine Eisformen. Ist es wärmer und feuchter, vereinigen sich mehrere Kristalle zu einer Flocke. Und diese Schneeflocken fallen auf die Erde. Ist es dort besonders kalt, bleiben sie liegen, und es werden mehr und mehr. Sie schmiegen sich aneinander und bilden bald eine geschlossene weiße Schneedecke.«

»Es sieht schön aus, wenn die Wiesen, Felder, Bäume und Sträucher mit den Schneeflocken bedeckt sind. Aber wenn es dann so kalt ist, wie du sagst, erfrieren ja alle Pflanzen«, wirft Cirrus besorgt ein.

»Nein, ganz im Gegenteil sogar. Unter der Schneedecke kann es durchaus wärmer sein als über ihr. Sie beschützt die Saat auf den Feldern und gibt den Pflanzen die nötige Ruhe und Geborgenheit.«

Cirrus blickt nun wieder neben sich herab auf den Wolkenboden und beobachtet, wie sich eine Schneeflocke an die andere reiht und die Wolke bald nicht mehr zu sehen ist. Dann schaut er auf seinen Körper, wo nur nasse Flecken zurückbleiben. Plötzlich durchzuckt ihn ein Geistesblitz. »Ah, lieber Ventus, alles klar. Jetzt weiß ich auch, warum bei mir immer wieder nur diese Pfützen übrig bleiben und auf der Wolke nicht. Die Wolke ist kalt, dort bleibt der Schnee liegen. Ich aber strahle meine Körperwärme aus, das ist zu warm für die Schneekristalle. Sie tauen und werden wieder flüssig.«

Der Wind freut sich. »Das ist genau richtig, Cirrus. Und weil du gerade vom Tauen sprichst. Es gibt da noch diese Tautropfen. Das will ich dir schnell erklären. In der Nacht ist es feuchter als am Tag. Deshalb entstehen Tautropfen, die sich an Gräsern und Sträuchern festsetzen. Wenn es dann friert, bildet sich statt Tau der weiße Reif. Die Feuchtigkeit schlägt sich hauptsächlich an den Seiten nieder, die dem Wind zugewandt sind. Der Reif wächst also dem Winde entgegen. Er zaubert eine weiße Welt.«

Cirrus vertieft sich erneut in den Anblick der Schneekristalle. Er beugt sich ganz weit nach unten, um alles gut erkennen zu können. Er staunt, denn er entdeckt nicht einen Kristall, der dem anderen gleicht. Jeder hat seine eigene Form, zwar sechseckig, aber immer neu, anders und einzigartig.

Die Zeit vergeht und noch immer hockt Cirrus da und betrachtet alles aufmerksam. Ihm beginnen schon die Beine wehzutun, da sie so zusammengedrückt werden. Trotzdem kann er sich von dem Anblick nicht lösen, so sehr ist er von den Schneekristallen in den Bann gezogen. Eben noch lagen die Schneeflocken ruhig vor ihm, doch langsam fangen sie an, sich zu bewegen. Es sieht aus, als würden sie tanzen. Die Bewegungen werden immer stärker und stärker, und schwupps, lösen sie sich vom Boden und fliegen auf und davon. Mehr und mehr Kristalle sausen an Cirrus vorbei.

Um dieses Schauspiel besser beobachten zu können, steht Cirrus auf und schaut den Schneeflocken neugierig nach. Er dreht sich im Kreis, um ihren Tanz zu bestaunen. Dabei entdeckt er Ventus, der ihm direkt ins Gesicht schaut. Er hat ein komisches, schelmisches Grinsen im Gesicht.

Zuerst versteht Cirrus überhaupt nicht warum, doch dann kommt ihm langsam ein Gedanke. »Oh, Ventus, du bist ja frech«, ruft er empört. »Du hast gepustet, stimmt's?«

»Ich? Wieso? Neiiiiiiiiin!«, spricht der Wind mit belustigter Stimme.

Jetzt ist Cirrus wieder hellwach und macht einen Satz auf Ventus zu. »Das kann ich auch, sieh mal«, ruft er selbstbewusst. Er lässt sich bäuchlings in den Schnee fallen und pustet kräftig. Jedoch hat er damit nicht so viel Erfolg, denn seine Schneekristalle beginnen zwar in der Luft herumzuwirbeln, aber nur ganz in seiner Nähe. Der Wind bekommt gar nichts ab und muss richtig lachen.

»Hohoho, ist das denn alles?« Er plustert seine Wangen auf und pustet dem Regentröpfchen eine Menge Schnee ins Gesicht.

Cirrus bleibt fast die Luft weg. In Augen, Nase und Mund, überall hat er den Schnee abbekommen. Schnell wischt er sich alles ab. Jetzt kommt er so richtig in Fahrt. »Na warte, dir werde ich zeigen, was es heißt, ein armes, kleines Regentröpfchen so zu ärgern!«, ruft Cirrus laut.

»Fang doch an, du kleiner Schlingel«, fordert ihn der Wind heraus.

Das lässt sich Cirrus nicht zweimal sagen. Er dreht sich blitzschnell um, bückt sich und streckt dem Wind dabei seinen Po entgegen. Dann schaut er durch seine Beine hindurch und fängt mit seinen Händen an, den Schnee wie wild wegzuschaufeln – links, rechts, links, rechts, mit ganz schnellen Bewegungen. Und tatsächlich, hinter ihm stiebt eine riesige Schneefontäne zum Wind. So ein Spaß!

Dabei bemerken beide nicht, wie sie von der Sonne Stella beobachtet werden. Am liebsten würde sie auch mitspielen, aber sobald sie auch nur in die Nähe des Schnees kommt, tauen die Schneesterne sofort weg. Es bleibt nur noch Wasser übrig. Doch zieht sie ihre Sonnenstrahlen zurück, gefriert alles wieder. Es hat keinen Zweck! Also beschließt die Sonne, ihre beiden Freunde einfach anzufeuern.

Cirrus und Ventus sind voll im Geschehen. Der Wind bläht sich auf und pustet die Luft mit voller Kraft aus seinem gespitzten Mund. Dadurch häuft sich immer mehr Schnee vor dem Regentröpfchen an. Der Haufen wächst schnell zu einem großen Berg heran. Cirrus hüpft nach oben, um Ventus noch sehen zu können, doch bald schafft er auch das nicht mehr so einfach. Also beginnt Cirrus, über den Schneeberg zu klettern. Es gelingt ihm erstaunlich gut, er scheint während seiner abenteuerlichen Reise immer kräftiger geworden zu sein.

Beim Hochklettern schiebt Cirrus mit seiner Kopfspitze immer mehr Schnee vor sich zusammen. Als er ganz oben angekommt, ist der Schnee schon zu einer richtigen Kugel geworden. Was dann passiert, konnten weder der Wind noch das Regentröpfchen ahnen. Die Schneekugel löst sich ganz plötzlich von der Kuppe und rollt wie von selbst den Berg hinab. Sie nimmt beim

Rollen immer mehr Schnee auf und wird dabei größer und größer. Fasziniert und staunend sieht Cirrus der Riesenkugel nach.

Auch der Wind ist wie gebannt von dem Anblick und ehe er sich in Sicherheit bringen kann, trifft ihn die Kugel mitten ins Gesicht. Bong! »Hey, was soll das denn?«, ruft der Wind.

Sie schauen sich erschrocken mit großen Augen an, doch dann müssen alle herzhaft lachen. Jeder auf seine Weise: Cirrus mit seiner klaren, zarten Stimme, Ventus tief donnernd und auch die Sonne Stella kichernd und hell. Sie amüsiert sich prächtig über das Spiel ihrer Freunde, es steigen ihr sogar Tränen in die Augen. Was für ein lustiges Gekicher und Gegacker.

Als die Freunde wieder zu Atem kommen, legen sie noch einmal richtig los. Cirrus und der Wind werden immer übermütiger. Sie toben miteinander, so dass der Schnee nur so stiebt und umherfliegt. Am Ende sehen sie ganz weiß gepudert aus. Noch eine ganze Weile spielen sie vergnügt miteinander und lachen ausgelassen.

Doch irgendwann kommen alle erschöpft und glücklich zur Ruhe. Erst jetzt merken Cirrus und Ventus, wie kalt sich der Schnee anfühlt, und sie beginnen zu frösteln. Was liegt da wohl näher, als sich von den Strahlen der Sonne wärmen zu lassen? Lange bleiben sie so sitzen und genießen Stellas Wärme. Gemeinsam verbringen die drei noch viele Tage und Wochen voller Freude und spannender Gespräche, bis sich der Winter dem Ende zuneigt. Mit der Zeit wird es wärmer, der Schnee taut und die Natur erwacht zu neuem Leben.

Freunde für immer

Der Frühling hält langsam aber sicher Einzug. Nun rückt für Cirrus die Zeit des Abschiednehmens immer näher. Er weiß es, aber er möchte es noch nicht so richtig wahrhaben. Ihm fällt es schwer, seine zwei Freunde zu verlassen. Allein

der Gedanke an das Ab-
schiednehmen stimmt ihn
traurig. Die Sonne und der
Wind merken dem kleinen
Regentropfen an, wie nieder-
geschlagen er ist, ihnen geht es
auch nicht anders. Trotzdem versuchen sie, Cirrus ein wenig aufzumuntern.

»Weißt du, wie schön es ist, wenn du auf die Erde herab-
gleitest und zusehen kannst, wie alles wieder wächst und gedeiht?«
Die Sonne hält Cirrus im Arm und streichelt sein Gesicht. »Du siehst, wie
die Knospen aufspringen, sich dünne Blätter herausdrängeln und versuchen,
die Schale abzuwerfen. Sie werden alle ein ganz zartes Grün haben. Sobald die
Schale vollständig weg ist, breiten sich die Blätter aus, recken und strecken sich.
Es werden von Tag zu Tag mehr. Die Bäume und Sträucher werden bald so
viele Blätter besitzen, dass nur noch feine Sonnenstrahlen hindurchblicken
können. In zarten, hellen Tönen erstrahlt dann das Grün der Bäume und ihrer
Blüten. Überall wird es nach dieser Blütentracht duften. Die Vögel kehren aus
dem warmen Süden zurück und suchen sich Partner. Sie beginnen, Nester zu
bauen, zwitschern und trällern vor sich hin. Am Morgen kann man ihrem
wunderschönen Gesang lauschen. Die Wiesen werden wieder saftig grün und
die Blumen darauf wiegen sich im Wind. Das ist so eindrucksvoll, das musst du
unbedingt sehen!«

»Cirrus, du wirst auf die Erde fliegen«, spricht der Wind nun.

»Und dabei andere Wassertropfen treffen, solche wie dich. Ihr werdet euch kennen lernen und Freundschaft schließen. Außerdem können wir dir versprechen,

dass wir uns wieder begegnen werden. Du kennst nun den Kreislauf der Natur. Und du weißt, wie ich bin. Ich sause und brause durch kleinste Ritzen und Löcher. So weiß ich immer, wo du bist, und du wirst mich hören können oder spüren. Ich hoffe nur, dass ich dann nicht zu stark sein werde. Vielleicht kannst du mich auch sehen, zumindest wirst du merken, wo ich gerade herumschleiche. Denn wo ich bin, bewegt sich alles. Irgendwann, wenn es an der Zeit ist, wird Stella dich mit vielen Tausenden von anderen Tröpfchen in den Himmel saugen und euch Zeit zum Ausruhen und Wachsen geben. Dann werden wir uns auch hier oben wiedersehen. Ich erkenne dich, auch wenn noch so viele Wassertröpfchen da sind. Ich werde dich finden, versprochen! Es war eine schöne Zeit mit dir! Nun sieh zu, dass du deine Freunde wiederfindest, von denen du uns so viel erzählt hast.«

»Oh ja, meine Freunde Cummuline, Stratus, Altos und die anderen. Die sind jetzt genauso groß und stark wie ich und werden ebenfalls bald losrutschen. Da gibt es dann eine Menge zu erzählen. Morgen werde ich in aller Frühe starten. Darum will ich mich schon heute von euch verabschieden. Ich möchte euch morgen nicht extra wecken.«

Sie umarmen und drücken sich und überschütten sich mit lieben Worten, mit Danksagungen und Küsschen. Dann gehen alle drei zu Bett. Schlafen kann aber keiner so richtig. Unruhig wälzen sie sich hin und her und erwarten den Morgen mit großer Spannung.

Aufregung im Wolkenhimmel

Ganz oben im Wolkenhimmel herrscht reges Treiben und buntes Gewimmel. Alle Regentropfen haben damit zu tun, ihre Wolkenbetten in Ordnung zu

bringen und für die neuen Regentröpfchen alles recht schön zu machen. Denn
sobald Cummuline, Altos, Stratus und die anderen
zur Erde rutschen, kommen schon die nächsten Regentröpfchen im Himmel an. Außerdem herrscht natürlich Aufregung,
da sie endlich auf die Riesenrutsche dürfen. Es wird abgesprochen, wer mit
wem rutscht, und wie jeder rutschen möchte. Es werden Abzählreime laut, um
zu bestimmen, in welcher Reihenfolge es losgeht. Hinzu kommt, dass der Mond
ihnen versprochen hat, in der Dunkelheit starten zu dürfen. Aus seinen Er-
zählungen wissen sie, dass das viel mehr Spaß macht, denn die Sterne leuchten
den Weg und die Rutsche glitzert und funkelt in ihrem Licht. Wenn man dann
in den Sternenhimmel hinausgeschleudert wird, kann man versuchen, die Sterne zu erhaschen. Darauf sind alle schon sehr gespannt.

Die letzten Vorbereitungen sind noch in vollem Gange, als von weitem das
Klirren der Kette zu vernehmen ist. Jetzt hält es niemanden mehr bei den Wolken. Unter lustigem Geschnatter und Lachen nähern sich die Regentropfen
der Rutsche. Trotz des Trubels geht alles reibungslos vorwärts und es gibt
keinerlei Streit. Jeder wartet geduldig, bis er an der Reihe ist. Damit soll jedoch
nicht gesagt sein, dass die Tröpfchen still stehen und schweigen. Nein, nein, es
geht zu wie in einem Ameisenhaufen, und die Geräusche, die zu hören sind,
verraten etwas von der Aufregung im Wolkenhimmel.

Cummuline, Altos und Stratus haben sich entschlossen, zu dritt, hinter-
einander angefasst, zu rutschen. Sie springen fröhlich die Treppen hinauf,
ohne Mühe kommen sie oben an und warten, bis sie an der Reihe sind. Dann
fassen sie sich bei den Händen, setzen sich und schauen strahlend in den Sternenhimmel. Vorn sitzt Altos, Cummuline haben sie in die Mitte genommen,

und Stratus macht den Schluss.

Altos ruft: »Wollen wir starten?«

»Ja, ja, ja«, schreit Cummuline übermütig und ein glückliches, erwartungs-
volles Lächeln überzieht ihr Gesicht.

Stratus gibt das Zeichen. »Auf die Plätze, fertig, los!«

Auf sein Kommando stoßen sich alle drei kräftig ab und die Reise geht abwärts.
Sie werden hin und her geschleudert, aber das stört sie nicht. Im Gegenteil, man
hört und sieht, wie viel Spaß sie daran haben. Sie juchzen und jauchzen dabei
und rufen: »Hui, oje, juchu …«

Am Ende der Rutsche werden sie, wie damals Cirrus, weit hinausgeschleudert
und sie machen Purzelbäume durch die Luft. Dabei verlieren sie sich kurz.
Doch sobald sie wieder geradeaus nach unten fliegen, schaffen Cummuline,
Stratus und Altos es, sich erneut festzuhalten. Nun segeln sie zu dritt der Erde

entgegen, mal mit dem Kopf zuerst, mal mit dem Po, dann sind auch mal die Beine unten. Immer im Wechsel.

Unterdessen ist Cirrus ganz zeitig aufgestanden und an den Rand der Wolke getreten. Er schaut nach unten und atmet tief ein: »So, nun ist es so weit. Ich beginne die Weiterreise.« Kurz schaut er noch einmal zur Sonne und zum Wind, dann wirft er ihnen eine Kusshand zu und springt traurig und doch frohen Mutes vom Wolkenrand ab.

Und wie er so dahinsegelt, überholen ihn mit jubelndem Geschrei viele andere Regentropfen. Sie haben alle viel mehr Schwung als er und sind deshalb schneller. Aber das macht ihm nichts aus. Was er bisher erlebt hat, ist es wert, langsamer zu sein als alle anderen. Er durfte so viel lernen und sehen, große Dankbarkeit ist in seinem Gesicht zu entdecken. Doch ein Stück Wehmut fliegt mit ihm mit, denn nun spürt er, wie sehr er seine Freunde Cummuline, Stratus und Altos und die vielen anderen vermisst hat. Tief in Gedanken versunken, segelt er weiter in Richtung Erde.

Plötzlich hört er über sich seinen Namen. »Cirrus, Cirrus«. Er schaut verdutzt nach oben. Da sieht er drei Regentropfen, die sich an den Händen halten und auf ihn zufliegen. Die Stimmen und ihre Bewegungen kommen ihm sehr bekannt vor. Natürlich, das sind doch seine Freunde: Cummuline, Altos und Stratus. Na, so eine Überraschung!

Cirrus streckt seine Arme nach oben und schreit aus vollem Halse: »He, nehmt mich mit! Ich will bei euch sein.«

Er hat den Satz kaum zu Ende gesprochen, als ihn auch schon zwei Hände anpacken. Es geht ein richtiger Ruck durch seinen Körper, so schlagartig wird er mitgerissen. Auf diese Weise geht die Fahrt gleich viel schneller. Er findet sich zwischen Cummuline und Stratus wieder. Was für eine Freude!

»Hey, wo kommst du denn her?«

»Wo hast du die ganze Zeit gesteckt?«

»Wieso bist du von hier unten gesprungen?« Jeder will seine Fragen loswerden. Cirrus antwortet aber nur: »Das ist eine lange Geschichte, eine sehr lange. Ich erzähle sie euch, wenn wir auf der Erde sind. Dort haben wir viel Zeit. Jetzt lasst uns den Flug genießen und uns ein gutes Plätzchen aussuchen.«

Cirrus strahlt über das ganze Gesicht und kann sein Glück kaum fassen. So viel Zeit ist vergangen, so viel ist passiert, und trotzdem haben sich die vier Freunde wiedergefunden. Die Augen der anderen funkeln ebenfalls. Ihnen ist die Freude über das unerwartete Zusammentreffen anzusehen.

Cummuline, Altos und Stratus sind schon sehr gespannt, was Cirrus wohl alles erlebt hat und ihnen berichten möchte. Aber auch er ist aufgeregt und neugierig auf ihre Geschichten.

Es wird eine wunderschöne Zeit mit den besten Freunden der Welt werden, mit denen im Himmel, mit denen auf der Erde und auch mit denen, die ihnen erst noch begegnen werden.

Ende

Inhaltsverzeichnis

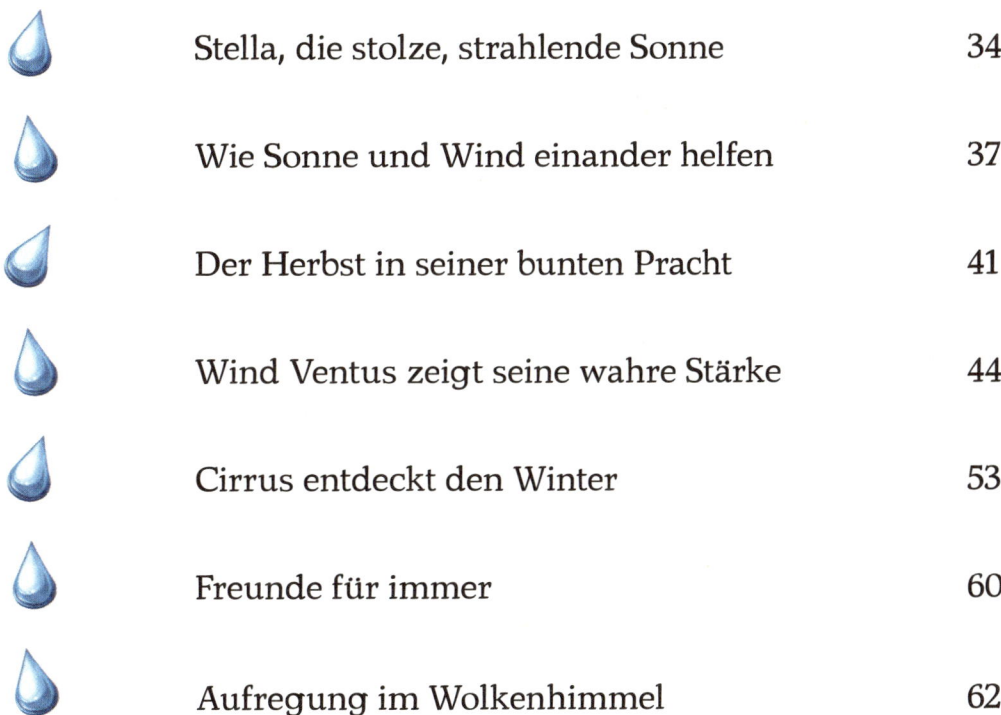

Liebe Leserin, lieber Leser!

Wenn Du dieses Buch gelesen hast, so schreibe uns bitte, wie es Dir gefallen hat. Auch für kritische Meinungen sind wir – Schriftsteller, Künstler und Verlag – dankbar.

Knabe Verlag Weimar
Knabes Nachwuchsautoren

Herderplatz 11, 99423 Weimar
info@knabe-verlag.de

Die Abenteuer des kleinen Drachen Emil

Michael Kirchschlager
Emil aus der Drachenschlucht
illustriert von Steffen Grosser

40 Seiten, Hardcover, farbige Illustrationen
ISBN 978-3-940442-91-8

Der kleine Drache Emil wächst in der Drachenschlucht im schönen Thüringen auf und wird von Professor Jakoble, einer weisen Rabenkrähe, erzogen. Auf seinen Erkundungen außerhalb der Schlucht erlebt er allerlei Abenteuer, lernt verschiedene Menschen und Tiere kennen und begegnet sogar einer echten Prinzessin, die von einem bösen Schurken gefangen gehalten wird.

Weitere Bände:

Emil rettet Thüringen #2
ISBN 978-3-940442-92-5

Emil und die Burg der Trolle #3
ISBN 978-3-940442-93-2

… auch als Hörspiel erhältlich!

2. Auflage Dezember 2023
im Knabe Verlag Weimar

Illustrationen Antonia Gluschak (rooom AG)
3D-Illustrationen Hendrik Lober (rooom AG), Franz-Joseph Sperhake (rooom AG),
Phillip Geithe (rooom AG), Alexander Ohme (rooom AG),
Antonia Gluschak (rooom AG)
Grafische Bearbeitung Antonia Gluschak (rooom AG)
Satz Anja Puse
Lektorat Anja Puse
Korrektorat Leonie Herberth, Dela Faber, Ulrike Wolf
Druck und Bindung Printing House ADverts Ltd

ISBN 978-3-944575-22-3

Printed in Europe

Gewitterwolke
(Cumulonimbus)

kleine Schäfchenwolken
(Cirrocumulus)

große Schäfchenwolken
(Altocumulus)

Haufenwolke
(Altocumulus)